BEI GRIN MACHT SICH IHR WISSEN BEZAHLT

- Wir veröffentlichen Ihre Hausarbeit,
  Bachelor- und Masterarbeit

- Ihr eigenes eBook und Buch -
  weltweit in allen wichtigen Shops

- Verdienen Sie an jedem Verkauf

Jetzt bei www.GRIN.com hochladen
und kostenlos publizieren

Bibliografische Information der Deutschen Nationalbibliothek:

Die Deutsche Bibliothek verzeichnet diese Publikation in der Deutschen National-
bibliografie; detaillierte bibliografische Daten sind im Internet über http://dnb.d-
nb.de/ abrufbar.

Impressum:

Copyright © 2007 GRIN Verlag, Open Publishing GmbH
Druck und Bindung: Books on Demand GmbH, Norderstedt Germany
ISBN: 9783640485277

Martin Meinhold

Reduktion von Konfigurationsdaten in rekonfigurierbaren Architekturen

GRIN Verlag

Reduktion von Konfigurationsdaten in rekonfigurierbaren Architekturen

Martin Meinhold

Universität Leipzig - Fakultät für Mathematik und Informatik, Institut für Informatik
Johannisgasse 26, 04103 Leipzig - Deutschland

Zusammenfassung. In der Regel benötigt rekonfigurierbare Hardware einen zusätzlichen, nicht flüchtigen Speicher für Konfigurationsdaten. Aktuelle FPGAs besitzen große Mengen konfigurierbarer Blöcke, was einen sehr großen externen Konfigurationsspeicher vorraussetzt. Hier sollen Methoden vorgestellt werden, die geeignet sind die Menge der zur Konfiguration benötigten Daten zu verringern. Die Ansätze beinhalten die Verwendung so genannter Wildcard Register, generelle Kompressionsverfahren, die Wiederverwendung von Konfigurationsdaten, Selbstrekonfiguration sowie Hyperrekonfigurierbarkeit und die Verwendung eingebetteter Mikroprozessoren. Dabei soll genauer auf die Möglichkeiten der Selbstrekonfiguration eingegangen werden.

1 Einleitung

Rekonfigurierbare Hardware stellt einen Kompromiss zwischen einer reinen Hardware- und einer Softwareimplementation dar. Daher kommen derartige Architekturen immer dann zum Einsatz, wenn die Vorzüge beider Varianten genutzt werden sollen. So können Algorithmen auf diese Weise durch den Einsatz von Hardware beschleunigt werden, auch wenn die Entwicklung und Produktion eines ASIC zu teuer ist. Ein weiteres Einsatzgebiet ist Hardware, die zu einem späteren Zeitpunkt angepasst bzw. geändert werden soll.

Die am häufigsten eingesetzten rekonfigurierbaren Systeme (FPGAs) besitzen einen flüchtigen Konfigurationsspeicher, der alle für den Betrieb benötigten Daten während der Laufzeit enthält. Zusätzlich benötigt ein solches System einen externen persistenten Konfigurationsspeicher um die Informationen über einen längeren Zeitraum speichern zu können. Während der Startphase des Systems werden die Konfigurationsdaten aus dem persistenten in den füchtigen Speicher übertragen.

FPGAs bestehen meist aus konfigurierbaren Logikblöcken, Block-RAM, einem Verbindungsnetzwerk und können weitere Logik, wie z.B. Multiplizierer, oder ganze Mikrocontroller enthalten. So können FPGAs der Serie Xilinx Virtex mehrere PowerPC-Prozessoren enthalten.

Aktuelle FPGAs benötigen große Mengen Konfigurationsdaten (bis zu 82.7 MBit bei Xilinx Virtex 5), was einen großen persistenten Speicher vorraussetzt. Außerdem kann der Prozess der Rekonfiguration durch die Verarbeitung großer Datenmengen viel Zeit in Anspruch nehmen, in der das System nicht zur Verfügung steht.

2 Methoden zur Reduktion von Konfigurationsdaten

2.1 Wildcard Registers

Das Ziel dieser Kompressionsmethode sind Xilinx FPGAs der Serie XC6200. Sie besitzen spezielle, als *Wildcard Registers* bezeichnete, Hardware, die als Dekompressor angesehen werden kann. Die Serie XC6200 sind SRAM-basierte Sea-Of-Gates FPGAs, deren schematischer Aufbau beispielhaft in Abbildung 1 dargestellt ist. Durch die Benutzung der Wildcard Register können mehrere Zel-

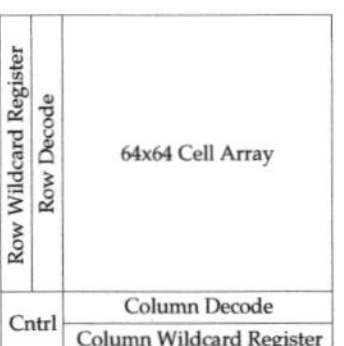

Abbildung 1: Blockdiagramm Xilinx XC6216

len des FPGA gleichzeitig konfiguriert werden. Wenn das *Row Wildcard Register* den Wert 010001 hat und die Adresse des *Row Address Decoder* den Wert 110010 hat, dann werden gleichzeitig die Zeilen 100010, 100011, 110010 und 110011 geändert. Das wird erreicht, indem überall dort wo im *Row Wildcard Register* eine 1 steht, der entsprechende Wert im *Row Address Decoder* egal ist. [2]

Die Effektivität dieser Kompressionsmethode hängt unmittelbar von der Anzahl der so genannten *Don't Care bits* in einer Konfiguration ab. In [6] wird ein effektiver Algorithmus vorgestellt um mehr *Don't Care bits* zu finden. Damit können Konfigurationen mit einem Faktor von bis zu 7 komprimiert werden.

2.2 Allgemeine Kompressionsverfahren

Allgemeine Kompressionsverfahren können nur bedingt zur Reduzierung von Konfigurationsdaten verwendet werden, da eventuell zur Dekomprimierung komplexe Hardware nötig wäre. So wird in [1] eine verzeichnisbasierte Methode vorgestellt, die auf dem Lempel-Ziv-Algorithmus [12] basiert. Um die benötigte Dekompressionshardware möglichst gering zu halten, muss das Verzeichnis mit in den Konfigurationsspeicher aufgenommen werden, wodurch eine negative Kompression erreicht wird. Durch die vorgestellte Methode kann die Verzeichnisinformation so weit reduziert werden, dass Kompressionsraten zwischen 11% und 41% erreicht werden können.

Ein spezielles Kompressionsverfahren für Xilinx Virtex FPGAs wurde in [7] vorgestellt. Die Struktur der FPGAs der Virtex-Serie impliziert eine gewisse Regularität der Konfigurationsdaten. Die Konfiguration erfolgt in so genannten *Frames*, die zu großen Teilen aus 18 Bit für einen I/O-Block, N×18 Bit für N

Logik-Blöcke und wieder 18 Bit für einen I/O-Block bestehen. Das vorgestellte Verfahren nutzt Regularität innerhalb eines Frames ebenso wie Regularität zwischen Frames aus. Es verwendet ebenso die bereits vorgestellten Techniken der Wildcard Register und der Lempel-Liv-Komprimierung, allerdings kommt hier LZ77 zum Einsatz. Die Methode erlaubt einen Kompressionsfaktor von 4. Das ist eine Verbesserung um den Faktor 2 gegenüber einer Komprimierung mit gzip.

2.3 SRAM-FPGAs mit eingebetteten Mikroprozessoren

Moderne FPGAs besitzen häufig einen eingebetteten Mikroprozessor, der ebenfalls zur Dekompression von Konfigurationsdaten benutzt werden kann.

Die benötigte Architektur, um einen solchen Prozessor zu benutzen, besteht aus einer internen Konfigurationsschnittstelle (die implementierte Logik hat dadurch Zugriff auf die Konfigurationsdaten, ICAP bei Xilinx), einem Mikroprozessor und einer so genannten *Configuration IP*, die die Übergabe der dekomprimierten Daten vom Mikroprozessor zur Konfigurationsschnittstelle regelt. Die Configuration IP kann mit Hilfe der im FPGA zur Verfügung stehenden Logik-Blöcke realisiert werden. Sie muss dann während der Startphase des Systems *unkomprimiert* in den FPGA geladen werden. Danach können alle weiteren Konfigurationsdaten komprimiert übertragen werden und durch partielle Rekonfiguration verfügbar gemacht werden. Diese, in [10] vorgestellte Methode, verspricht Kompressionsraten von bis zu 82%.

2.4 Wiederverwendung von Konfigurationsdaten

Die bisher vorgestellten Kompressionsverfahren versuchten, z.B. durch verzeichnisbasierte Kompressionsverfahren, Redundanzen innerhalb eines Konfigurationsdatenstromes zu eliminieren. Die Wiederverwendung von Konfigurationsdaten zielt auf die Eliminierung von Redundanzen zwischen mehreren Konfigurationsdatenströmen ab. Diese Kompressionsmethode findet in dynamisch rekonfigurierbaren FPGAs Anwendung.

In [3] werden Methoden zur Datenkompression innerhalb eines Konfigurationsdatenstromes vorgestellt, die effektiver arbeiten, als die bereits vorgestellten. Außerdem werden Verfahren entwickelt, die geeignet sind um Redundanzen zwischen Konfigurationsdatenströmen zu vermeiden und dadurch bedeutend höhere Kompressionsraten erreichen.

Die Redundanzen innerhalb eines Datenstroms werden durch die Berechnung eines so genannten *reference frame* vermieden, da nur noch die Abweichungen von diesem Frame übertragen werden, die dann wiederum mit einem Lempel-Ziv-Verfahren komprimiert werden.

Redundanzen zwischen Datenströmen konnen minimiert werden, indem nur die Differenz zwischen der aktuellen Konfiguration und der neuen Konfiguration übertragen wird, die dann wiederum mit einem anderen Verfahren komprimiert werden kann.

2.5 Hyperkonfigurierbarkeit

In einem System implementierte Anwendungen benötigen unter Umständen nicht über die gesamte Laufzeit die komplette Flexibilität, die aktuelle rekonfigurierbare Systeme bieten. Hyperrekonfigurierbare Systeme stellen ein zweischichtiges Modell dar, mit dem die Konfigurierbarkeit eines Systems durch einen so genannten *Hyperkontext* eingeschränkt werden kann.[4] Ein Algorithmus zerfällt damit in eine Folge von Hyperkontexten h_i mit $i = 1\ldots r$, in denen einzelne Rekonfigurationen mit verschiedenen Ressourcenanforderungen c_j mit $j = 1\ldots n$ stattfinden.[5] Ein Algorithmus benötigt somit die folgenden Ressourcen :

$$h_1 c_1 \ldots c_{i_1} h_2 c_{i_1+1} \ldots c_{i_2} \ldots c_{i_{r-1}} h_r c_{i_{r-1}+1} \ldots c_n$$

Für einen Algorithmus mit einer gegebenen Folge von Ressourcenanforderungen ergibt sich das Problem der Partition in Hyperkontexte. Dieses Problem ist NP-vollständig, für bestimmte hyperrekonfigurierbare Architekturen existieren jedoch polynomiell beschränkte Algorithmen.

3 Selbstrekonfiguration

Die bisher vorgestellten Methoden implizieren jeweils einen vorab synthetisierten Konfigurationsdatenstrom, durch den zur Laufzeit die aktuelle Konfiguration überschrieben wird.

In der Softwareentwicklung wurde das Prinzip der Selbstmodifikation benutzt um größere oder komplexere Anwendungen auszuführen, für die nicht genug Platz im Hauptspeicher wäre. Eine Möglichkeit Selbstrekonfigurierbarkeit in Hardware zu erreichen wurde in [9] vorgestellt. Diese Architektur erlaubt Kontextwechsel und Zugriffe auf den Konfigurationsspeicher innerhalb eines Taktes. Die Methode des (selbst-)rekonfigurierenden endlichen Automaten [11] bietet einen allgemeineren Ansatz, bei der die Anwendung keinen technologieabhängigen Konfigurationsdatenstrom erzeugen muss.

3.1 (Selbst-)rekonfigurierbarer endlicher Automat

Das Modell des endlichen Automaten wird um das Konzept der (Selbst-)rekonfiguration erweitert. Ein Mealy-Automat kann durch 6-Tupel dargestellt werden :
$M = \{I, O, S, S_0, F, G\}$

- S ist eine endliche Menge interner Zustände

- I ist eine endliche Menge von Eingabezuständen

- O ist eine endliche Menge von Ausgabezuständen

- $F(i, s)$ ist eine Abbildung vom aktuellen Gesamtzustand (Paar aus Eingabezustand und internem Zustand) auf den internen Folgezustand ($F \subseteq I \times S \times S$)

- $G(i, s)$ ist eine Abbildung vom aktuellen Gesamtzustand auf den Ausgabezustand ($G \subseteq I \times S \times O$)

Die Erweiterung um das Konzept der Selbstrekonfigurierbarkeit führt zu einem Automaten, der als 10-Tupel dargestellt werden kann :
$$M = \{I, O, S, S_0, F, G, H_f, H_g, H_i, R\}$$

- $\{I, O, S, S_0, F, G\}$ ist ein Automat entsprechend der obigen Definition

- R ist eine endliche Menge von Rekonfigurationszuständen

- Die Transitionsrekonfigurationsfunktion $H_f(r), r \in R$ ist eine Abbildung vom Rekonfigurationszustand auf den Gesamtzustand
  $F(i', s) := H_f(r), i' \in I, s \in S, r \in R$

- Die Ausgaberekonfigurationsfunktion $H_g(r), r \in R$ ist eine Abbildung vom Rekonfigurationszustand auf den Ausgabezustand
  $G(i', s) := H_g(r), i' \in I, s \in S, r \in R$

- Die Eingaberekonfigurationsfunktion $H_i(i, r), i \in I, r \in R$ ist eine Abbildung vom Tupel aus Eingabezustand und Rekonfigurationszustand auf den Eingabezustand $i' := H_i(i, r), i' \in I, i \in I, r \in R$

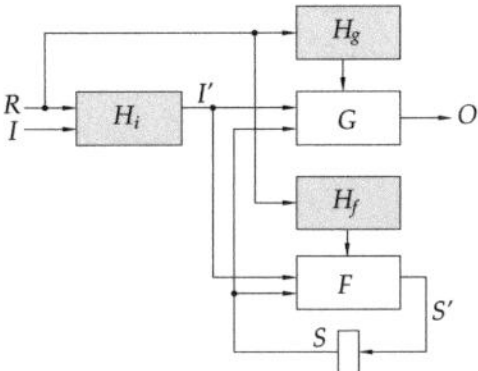

Abbildung 2: rekonfigurierbarer endlicher Automat

Beispiel: *Der in Abbildung 3 dargestellte Automat $M = \{I, O, S, S_0, F, G\}$ mit $I = \{i\}, i \in \{0, 1\}, O = \{o\}, o \in \{0, 1\}, S = \{S_0, S_1\}$ liest einen endlosen Bitstrom und gibt 1 aus, so lange zwei oder mehr aufeinanderfolgende Einsen gelesen wurden. Danach gibt der Automat wieder 0 aus.*

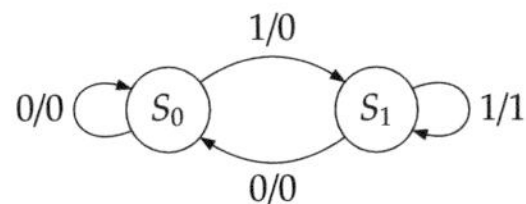

Abbildung 3: Beispielhafter endlicher Automat

Durch eine Rekonfiguration soll der Automat so umgewandelt werden, dass er Nullen anstelle der Einsen zählt. Unter der Annahme, dass sich der Automat im Zustand S_0 befindet und dass $R = \{r_0, r_1, r_2, r_3, r_4\}$ eine Menge von Rekonfigurationszuständen ist, benötigt eine Rekonfiguration die in Abbildung 4 dargestellten vier Takte.

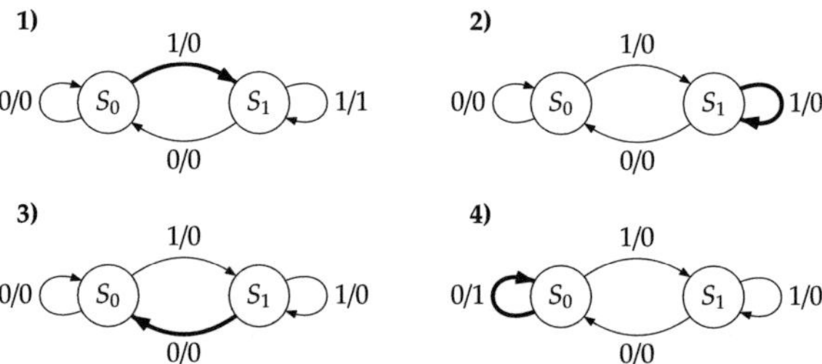

Abbildung 4: Rekonfigurationstransitionen

Die Rekonfiguration läuft wie folgt ab: In Zustand S_0 und $r = r_1$ wird $i' = H_i(i, r_1) = 1$ definiert, so dass bei der Eingabe von 1 ein Übergang in Zustand S_1 erfolgt. Gleichzeitig wird $G(1, S_0) := H_g(r_1) = 0$ definiert. Im Zustand S_1 und $r = r_2$ bleibt $i' = H_i(i, r_2) = 1$ ebenso wie der Folgezustand $H_f(r_2) = S_1$ unverändert. Die Ausgabe wird jedoch zu $G(1, S_1) := H_g(r_2) = 0$ geändert. Nach zwei weiteren Schritten ist die Rekonfiguration abgeschlossen. In Tabelle 1 sind alle benötigten Signale aufgelistet.

r	$i' = H_i(i, r)$	$H_f(r)$	$H_g(r)$
r_1	1	S_1	0
r_2	1	S_1	0
r_3	0	S_0	0
r_4	0	S_0	1
r_0	i	–	–

Tabelle 1: Rekonfigurationsequenz

3.2 Implementation

Eine mögliche Implementierung des obigen Automatenmodells ist in Abbildung 5 dargestellt. Der *Reconfigurator* erzeugt die Signale H_i, H_g und H_f, sowie die Signale *rst* und *rst_state*. F–RAM und G–RAM sind Speicherelemente, die die rekonfigurierbaren Funktionen $F(i', s)$, $G(i', s)$, $i' \in I, s \in S$ realisieren. Das Statusregister *ST–REG* speichert den aktuellen Zustand und wird bei jeder steigenden Taktflanke aktualisiert. Der Resetmultiplexer *RST–MUX* wird benutzt um den Automat abhängig vom Signal *rst* bei der nächsten steigenden Taktflanke in den Startzustand zu versetzen.

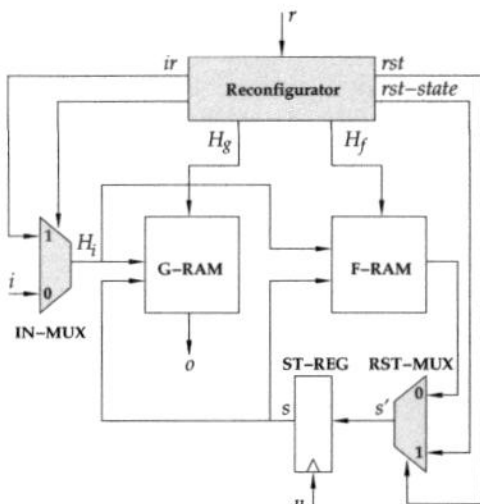

Abbildung 5: Implementation eines rekonfigurierbaren endlichen Automaten

Befindet sich der Automat nicht im Rekonfigurationsmodus, wählt der Multiplexer *IN–MUX* stets die externe Eingabe ($H_i(i,r) = i$) aus. Somit hängt die Adresse der Speicherblöcke *F–RAM* und *G–RAM* von der externen Eingabe und dem internen Zustand ab. *G–RAM* erzeugt die Ausgabe (o) und *F–RAM* den Folgezustand, falls das Resetsignal *rst* nicht anliegt.

Im Rekonfigurationsmodus wählt der Multiplexer *IN–MUX* das, durch den *Reconfigurator* erzeugte Signal *ir* ($H_i(i,r) = ir$) aus. Damit hängen die Adressen der Speicherblöcke *F–RAM* und *G–RAM* nur vom aktuellen Zustand und dem Signal *ir* ab. Abhängig vom Rekonfigurationszustand *r* werden neue Werte für die Signale *ir*, H_f und H_g erzeugt.

3.3 Existenz eines Rekonfigurationsprogramms

Als Rekonfigurationsprogramm wird eine endliche Folge von Transitionen bezeichnet, die einen endlichen Automaten $M = \{I, O, S, S_0, F, G\}$ in einen zweiten endlichen Automaten $M' = \{I', O', S', S'_0, F', G'\}$ überführt. In [11] konnte gezeigt werden, dass ein solches Programm immer existiert. Außerdem wurden zwei Heuristiken angegeben um ein entsprechendes Rekonfigurationsprogramm zu finden.

4 Zusammenfassung

In Abschnitt 2 wurde ein Überblick über die verschiedenen Varianten zur Kompression bzw. Vermeidung von Konfigurationsdaten gegeben. Derzeit existiert keine entsprechende hyperrekonfigurierbare Hardware. In Abschnitt 3 wurde die Methode der (Selbst-)Rekonfiguration endlicher Automaten vorgestellt. Zustandsautomaten stellen eine wesentliche Grundlage für den Entwurf digitaler Systeme dar. Sie werden zur Realisation zyklischer Funktionsabläufe, Steuerung von Logikschaltungen und Synchronisation mehrerer Komponenten eines Systems eingesetzt. [8] Somit steht mit der Rekonfigurierbarkeit solcher

Automaten ein wirkungsvolles Werkzeug zur Verfügung um Konfigurationsdaten zu verringern. Diese Art (Selbst-)Rekonfiguration bietet gegenüber anderen Ansätzen den Vorteil der Technologieunabhängigkeit, wodurch ebenfalls eine Implementation eines derartigen Automaten als ASIC denkbar wäre.

Literatur

[1] DANDALIS, Andreas ; PRASANNA, Viktor K.: Configuration compression for FPGA-based embedded systems. In: *FPGA '01: Proceedings of the 2001 ACM/SIGDA ninth international symposium on Field programmable gate arrays*. New York, NY, USA : ACM Press, 2001. – ISBN 1–58113–341–3, S. 173–182

[2] HAUCK, Scott ; ZHIYUAN, Li: Configuration Compression for the Xilinx XC6200 FPGA. In: *IEEE Transactions on Computer-Aided Design of Integrated Circuits and Systems* Bd. 18, 1999, S. 1107 – 1113

[3] HE, Lei ; MITRA, T. ; WONG, Weng-Fai: Configuration bitstream compression for dynamically reconfigurable FPGAs. In: *ICCAD '04: Proceedings of the 2004 IEEE/ACM International conference on Computer-aided design*. Washington, DC, USA : IEEE Computer Society, 2004. – ISBN 0–7803–8702–3, S. 766–773

[4] LANGE, Sebastian ; MIDDENDORF, Martin: Hyperreconfigurable Architectures for Fast Run Time Reconfiguration. In: *FCCM '04: Proceedings of the 12th Annual IEEE Symposium on Field-Programmable Custom Computing Machines*. Washington, DC, USA : IEEE Computer Society, 2004. – ISBN 0–7695–2230–0, S. 304–305

[5] LANGE, Sebastian ; MIDDENDORF, Martin: Hyperreconfigurable architectures and the partition into hypercontexts problem. In: *J. Parallel Distrib. Comput.* 65 (2005), Nr. 6, S. 743–754. – ISSN 0743–7315

[6] LI, Zhiyuan ; HAUCK, Scott: Don't Care discovery for FPGA configuration compression. In: *FPGA '99: Proceedings of the 1999 ACM/SIGDA seventh international symposium on Field programmable gate arrays*. New York, NY, USA : ACM Press, 1999. – ISBN 1–58113–088–0, S. 91–98

[7] LI, Zhiyuan ; HAUCK, Scott: Configuration Compression for Virtex FPGAs. In: *FCCM '01: Proceedings of the the 9th Annual IEEE Symposium on Field-Programmable Custom Computing Machines*. Washington, DC, USA : IEEE Computer Society, 2001. – ISBN 0–7695–2667–5, S. 147–159

[8] REICHARDT, Jürgen ; SCHWARZ, Bernd: *VHDL-Synthese: Entwurf digitaler Schaltungen und Systeme*. 3. Auflage. Oldenbourg Wissenschaftsverlag GmbH, 2003. – ISBN 3–486–27384–1

[9] SIDHU, Reetinder P. S. ; WADHWA, Sameer ; MEI, Alessandro ; PRASANNA, Viktor K.: A Self-Reconfigurable Gate Array Architecture. In: *FPL '00: Proceedings of the The Roadmap to Reconfigurable Computing, 10th International Workshop on Field-Programmable Logic and Applications*. London, UK : Springer-Verlag, 2000. – ISBN 3–540–67899–9, S. 106–120

[10] STERPONE, Luca ; VIOLANTE, Massimo: A new decompression system for the configuration process of SRAM-based FPGAS. In: *GLSVLSI '07: Proceedings of the 17th great lakes symposium on Great lakes symposium on VLSI*. New York, NY, USA : ACM Press, 2007. – ISBN 978–1–59593–605–9, S. 241–246

[11] TEICH, Jürgen ; KÖSTER, Markus: (Self-)reconfigurable Finite State Machines: Theory and Implementation. In: *DATE '02: Proceedings of the conference on Design, automation and test in Europe*. Washington, DC, USA : IEEE Computer Society, 2002, S. 559

[12] ZIV, J. ; LEMPEL, A.: A universal algorithm for sequential data compression. In: *IEEE Transactions on Information Theory* 23 (1977), Nr. 3, S. 337–343. – ISSN 0018–9448